NHL

National Hockey League

Impressum:

Bibliografische Information der Deutschen Nationalbibliothek: Die Deutsche Nationalbibliothek verzeichnet diese Publikation in der Deutschen Nationalbibliografie; detaillierte bibliografische Daten sind im Internet über www.dnb.de abrufbar.

Herstellung und Verlag

BoD - Books on Demand, Norderstedt

ISBN 9783752898699

Als Gründer und ewiger Eishockeyspieler und Sportler und Naturarbeiter und Techniker und Buchautor der NHL, abgekürzt und schön einfach lautend für National Hockey League, schreibe ich gerne dieses Buch mit privaten Erinnerungen und sportlichen Erinnerungen und beruflichen Erinnerungen und spacygen Erinnerungen und auch natürlichen Sein und träumen bezüglich der NHL als einzigartigen Sportliga mit in der Natur sein und Technik genießen und freudig sein und lachen ….. Eishockey ist happy sein und auch anstrengend und schön …. tolle NHL Jerseys und Sportausrüstung und lustiges spielen und genau sein ….. auch auf der Wiese im Gras gehen und zur NHL Kirche mit weißschwarzen Marmor gehen und dort sein und auch dann Fußball spielen. Überall ist die Natur schön und sportliche Betätigung ist etwas Besonderes und auch Ernstes mit Spielregeln. Die Naturgesetze sind wichtig und für mich als Techniker ganz besonders schön und für alle interessant …. Einzigartigkeit ist schön.

Wichtig sind die schriftlichen Dokumentationen in Buchform zur NHL und dies sind das NHL book und das NHL Trophies book und das NHL teams book und das NHL stadiums book und das Naturbuch und das Werkstattibuch und History book und NHL Weihnachtsbuch und alle Bücher.

NHL bedeutet auch denken und machen und glücklich sein und nachdenken und sich erinnern und gestalten und freudig lachend wieder im Blumenfeld zu laufen und Menschen zu treffen und Tiere im Wald zu sehen und NHL trophy festivals gut zu feiern und die NHL Stanley Cup Trophy und die NHL A Stanley Cup Trophy beim Waldsee für gutes Eishockeyspielen feiern und zur Musik schön tanzen und dann auch im Holzsteinhaus zu ruhen und zu schlafen und bei Sonnenschein wieder freudig aufzustehen und etwas Schönes machen.

In New York ist ein glanzvolles NHL
Museum mit viel NHL Geschichte und
auch Zukunftsplanung und schönen Feiern
und spaßigen Sport mit durchdachten
Spielsystemen und Trainings der NHL
Teams …. und auch in der Natur sein und
Sport machen in Indianerland beim
Maharadscha Tempel und die Kunst
genießen.

Im Central Park in New York ist auch ein
besonderer Ort für Sportfeste und auch
ganz besondere Museen sind in New York
und auch ein Fußballmuseum im Atzteka
Stadion in Mexiko in Amerika.

Ich bin stolz auf meinen Geburtsort und meine Heimat beim Zürichsee und ich bin gerne überall unterwegs und gerne in der Natur.

Peter Oberfrank, geboren am 27. November 1971 in Rapperswil Zürich in Schweiz Australien, und verheiratet mit Michelle Hunziker, geboren am 24. Dezember 1971 in Rapperswil (Schweiz), und der Heiratstag ist am 8. 8. 1992. Ehename ist Peter Oberfrank – Hunziker und viele Kinder in der Familie. Am 8. 8. 2008 Familienfeiertagi♥und ewig. Viel Spaß in der Familie. Lachi Fest und in

Natur sein und …. wunderschönes
Goldglas sehen und lachen ….

Ich flog mit Herzensfreude und gerne ins
Weltall und bin gerne im Weltall. Das
Raumschiff ist mit einem perfekten
ausbalancierten Magnetismus kreiert mit
schöner und guter Hebekraft und Heberuhe
sowie Stabilität. Das Weltall ist natürlich
und wunderschön mit vielen ewig bunten
Farben, Duft und schönen Licht sowie auch
Wind. Wunderschöne Naturpflanzen und
alles in schöner Harmonie. Als so selbst
bezeichneter und ausgezeichneter
Kosmonit (von Harvard University und
New York Rangers) sah ich mit Space Girl
Elke Valentinitsch bei der Weltraumreise
und am Mond ewig wunderschönes Licht
mit Z und lium …. planets all ….

Mit ganz großer Herzensfreude spiele ich
Eishockey …….. wie Eishockey bei New
York Rangers als NHL Eishockeyspieler
und Stanley Cup Champion and Winner
mit der Eishockeymannschaft New York
Rangers als ewiger NHL Spieler und
Sportler und Naturarbeiter und einziger

Techniker und NHL Champion with all NHL Teams ever and Winning „NHL Stanley Cup himmelblau for Peter Oberfrank – Hunziker"und Gewinner der „NHL stanley Cup heart Trophy for Peter Oberfrank – Hunziker" und der „NHL all star Peter Oberfrank – Hunziker stanley Cup Trophy".

Am 1. 12. 1971 in Rapperswil/Jona das große NHL Eishockeyfest am Zürichsee und ich gewann als ever NHL New York Rangers icehockeyplayer den 1. Gold Stanley Cup with titeling „NHL ever player Peter Oberfrank – Hunziker with team New York Rangers .... and all NHL .... as kid NHL icehockeyplayer and one and only ever NHL Player and NHLer" with Gold New York Rangers pin titeling Stanley cup Champion 1971 with Gold glittering Trophy from Washington with my naming Peter Oberfrank and also my NHL art naming Yvgeni Malkin ...." and small Washingtoni and Pittsburgh Trophy and 3 Stanley Cups increasing titeling „NHL Eishockeyfest am Zürichsee and winning Peter Oberfrank – Hunziker" and „NHL ever Peter Oberfrank – Hunziker" and „NHL all Clubs ever for Peter Oberfrank – Hunziker" …….. im History book und NHL book steht geschrieben „eine ewige großartige Feier zum NHL Eishockeyfest am Zürichsee und New York Rangers icehockeyplayer with naming Peter Oberfrank – Hunziker, Peter Oberfrank, and also first NHL art Name Yvgeni Malkin and NHL art names like Christian Perthaler and Peter nature and Wayne Gretzky and Peter natureworker and Peter happy and ever and only professional NHL icehockeyplayer with lot of doing …." and getting 3 NHL Gold medals (= medali) and nature presents (= Naturgeschenke) like New York Rangers Kappe in Goldfarbe und Winterkappen und Trainingsanzüge und schönen Erinnerungsurkunden und Gewinner des goldenen NHL Ringes und NHL silver poti ….. all NHL winning …..

Beim Winterwonderland Festival in New York am 17. Jänner 1973 spielte ich schönes und gutes Eishockey und gewann ich mit Herzenslachen als NHL Spieler New York Rangers den „NHL Stanley Cup naming Peter Oberfrank – Hunziker and celebrating by Winterwonderland Festival New York with happy being" und die „NHL Presidents Trophy for Peter Oberfrank – Hunziker at Winterwonderland Festival in New York".

Im historischen Jahr 1994 dann Gewinner des „NHL silver and dark historical New York Rangers pin titeling years 1926, 1930, 1994" und des „NHL New York Rangers pin in silver and black with the years titularing 1928, 1994" und des wunderschönen silber lametierten schwarz lackierten „NHL Stanley Cup Champions Pin New York Rangers mit Jahresangaben 1926, 1933, 1940, 1994" für ein tolles Team New York Rangers.
NHL Stanley Cup winner ever am 2. Jänner 2018 mit Eishockeymannschaft New York Rangers und Washingtoni

Gewinner (for all NHL) und wieder schön gefeiert in der Natur und ewig wieder feiern und dies wunderbar. Gewinner des „NHL New York Rangers ever Stanley Cup pin american" und „All star ever NHL winner" mit Team New York Rangers am 2. Jänner 2018 abends im New York Yankees icestadium and ever celebrating und herzliches feiern mit „NHL all star game Picture ever" und „NHL ever hearty all star pin for hearty swissboy Peter Oberfrank – Hunziker" ……..

Gewinner der wichtigen Kany (Los Angeles Kings) und light gold Schale (Chicago Blackhawks) und Kelchi mit dem best ever NHL Team Nashville Predators gemeinsam mit New York Rangers und St. Louis Blues und Ottawa Senators, Gewinner der enligthning Trophy Vase für ever Stanley Cup Winner (year 2014) with celebrating mit Team St. Louis Blues gemeinsam mit Anaheim Ducks und Dallas Stars und New Jersey Devils und Detroit Red Wings und New York Rangers. Ich bin auch stolzer Gewinner mit der Familie gemeinsam auf unseren „Indianerwegen" der „NHL Chicago Blackhawks Trophy

with american Indian being ...."
Gewinner der NHL playing trophies with
ever in heart und playing good and hearty
and NHLi, Gewinner der Kani (orange
bottle with heart) mit New York Rangers
gemeinsam mit Montreal Canadiens,
Gewinner and Winner and NHL winner des
NHL ring.

Gewinner des NHL Karussell Stanley Cups
Peter Oberfrank – Hunziker Swissboy
nhler and nhli in Zürich Rapperswil.
Schöner Gewinner in Zürich Swiss der
NHL Rosen Stanley Cup Trophy ever ....
and Winning der Happy Clown NHL
Stanley Cup Trophy am Lago di Garda und
Lomo See in Italien und der Baum
Trophies in New York und Winnipeg und
Rom celebrating ....

Gewinner des NHL Toronto Maple Leafs
Pokals Stars Stanley Cup with naming
Peter Oberfrank 24 New York Rangers ever
…. good celebrating …. Toronto church
being ….

Winner of the Montreal Canadiens ever red
blue White Gold Stanley Cup Trophy
named Peter blue ever with nature
celebrating ever …. (my hearty ever retired
number by Montreal Canadiens is number
81 with titeling Peter blue ever …. my art
Name for good icehockeyplaying and
nature doing in Montreal and all NHL ….).
Gewinner der Falk Trophy und der Rose
Trophy (for good tactical playing and
icehockeyplaying and first „NHL Stanley
Cup win for Peter Oberfrank – Hunziker in
icehockeyorigincountries America nd
Canada in New York titled winter
wonderland on 17 January 1973 for lot of
training in Swiss and Australia" und der
„NHL staring trophy von der NHL" und 4
NHL goldenen Medailen (= ever medali
NHL being) und 2 Stanley Cups für NHL
und AHL, und des Kid Stanley NHL Cups

Peter Oberfrank und des Child NHL
Stanley Cups Peter Oberfrank – Hunziker
und des NHL Ringes und des NHL
Weihnachtsbaum in Silber und des NHL
Christmastree in bunten Farben.
All Sports NHL Trophy winner in San
Francisco mit all sports Team „San
Francisco 49ers" mit NHL sign auf marmor
plateauing and signing Peter Oberfrank –
Hunziker am 4. 4. 1978 …. mit ewigen
feiern und in San Francisco City sein und
Urlaub machen und Sport machen und
tanzen und Natur feiern und Modeschauen
und Theater und sich freuen und
nachdenken und sich erinnern und Bücher
lesen und arbeiten ….
Gewinner des Stanley Cup und der
Presidents Trophy mit allen NHL
Mannschaften.
Real and good founder of all NHL Teams
with good preparing, Training, Sporting
and doing …. doing all Leistungstest in
English so called power Tests with happy
laughing.

Gewinner der NHL presentele Stanley Cup Trophy with grinsele und der Weihnachtsbaum NHL Stanley Cup Trophy with dreamele and seinele und der NHL Weihnachtskarten Stanley Cup Trophy und der wichtigen NHL Gras, Steine und Blumen Stanley Cup Trophies …. Stanley Cup Trophy is ever good Sport and good nature doing ever.

Im geschichtsträchtigen Jahr 1997 XXL Stanley Cup Winner mit den Washington Capitals gemeinsam mit St. Louis Blues und New York Rangers, Stanley Cup Winchi Winner mit Detroid Red Wings und Tampa Bay Lightning am 4. Mai 1997 mit Feiern und sofalen und Natur feiern …..

Gewinner der „NHL Tampa Bay Trophy with Ligthning blue" im Jahr 2002 …. Presidents Trophy Winner mit den New York Rangers for first and ever 10 Stanley Cup Titles and win of the Swarovski Christmas star and stari ….

Real first founder of NHL (National Hockey League) and ever im Madison Square Garden Stadium in New York in Amerika (USA).

Gewinner der green Stanley Cup Trophy real NHL and der green Park Trophy und der NHL New York Rangers Stanley Cup Central Park Trophy ……..

Stanley Cup Sieger mit CSKA Moskau gemeinsam mit New York Rangers im Jahr 1984, Gewinner des Nashville Predators NHL Stanley Cups with ever hearty, Gewinner der NHL red rose Trophy und der green rose trophy, Stanley Cup Sieger mit Chicago Blackhawks im Jahr 1987, Stanley Cup Sieger mit den St. Louis Blues, Stanley Cup Sieger und Presidents Trophy Winner mit den Boston Bruins im Jahr 1995, Stanley Cup Sieger mit Los Angeles Kings im Jahr 2014, Eishockey Stanley Cup Champion und Presidents Trophy Winner mit den Montreal Canadiens in Zürich am 24. Mai 2007, Gewinner des NHL cinyi Stanley Cups New York Rangers team am 4. Mai 1997 in Colgo City im great Ji Stadium (1.000.000 spectaors), great winner der NHL sharky Trophy Linz am 4. Mai 2017 in Linz alpy City mit San Jose Sharks Team, Gewinner der NHL San Jose glittering Trophy am 4. August 2017 all over the world, Gewinner der NHL New York Rangers Trophy in Alpi City Seefeld, Gewinner der NHL ever New York Rangers Trophy in alpine City Garmischi, Gewinner ewigi of NHL Stanley Cup Trophy Nashville Predators nhling, Gewinner der NHL glory Trophy in City cushi am 4. April 2018 with Team New York Rangers ever good celebrating with laughing and skying and loving Sport and nature ever, NHL Presidents Trophy winner und Stanley Cup winner mit dem Eishockeyteam Florida Panthers und Feiern ewig auf der grünen Graswiese, Russischer Eishockeymeister mit Eishockeyverein Lokomotiv Moskau, Floorball Champion mit Lokomotivi Moskau am 26. Dezember 1992, als schönes Eishockeytraining bunte Gartenarbeit für die New York Rangers, NHL helping Seasons bei Buffalo Sabres und Edmonton Oilers, Stanley Cup Winner im Jahr 1988 mit den New York Islanders, im Jugendbereich im Jahr 1988 Olympiasieger im Eishockey mit Team Canada, Eishockeyweltmeister mit Team

Österreich in Moskau, NHL Hamburger
Sportverein Fußballclub Stanley cup
winning for Football Champions Winning,
Gewinner der NHL Stanley cup trophies in
Tennis und soft Tennis in Nashville und
Rapperswil und New York Flushing
Meadows und Wimbledon und Paris und
Melbourne und Buffalo und Minnesota und
Dallas, Olympiasieger im Eishockey und
Floorball mit Team Großbritannien, NHL
Floorball Champion winner with New York
Rangers Team titled „Zorom" in
americancity and Stanley Cup Trophy
Winning and Presidents Trophy flooriballi
winning and NHL medali Peter and ET and
wonderfuli naturei …. Weltmeister im
Eishockey mit Eishockeymannschaft
Italien, Gewinner von NHL trophies in
Golf und Minigolf und Boccia spielen,
Eishockey beim SC Riessersee-Eishockey
Garmisch-Partenkirchen, im Jahr 1985
Youth NHL Champion mit den New York
Rangers, Österreichischer Staatsmeister im
Jahr 1984 und Österreichischer
Eishockeymeister ewig mit dem Gösser
Eishockeyverein Innsbruck (also satellite
Team of NHL San Jose Sharks mit Mixtur

aus kanadischen und amerikanischen Eishockey), Österreichischer Eishockeymeister und Rekordmeister mit KAC, Schweizer Eishockeystaatsmeister ever mit den ZSC Lions Zürich, Champions Hockey League Gewinner ewig mit der VEU Feldkirch (Satellite Team of NHL San Jose Sharks), deutscher Vizestaatsmeister und deutscher Meister mit dem Eishockeyverein Kölner Haie, deutscher Vizestaatsmeister mit Eishockeyverein Düsseldorfer EG, deutscher Eishockeystaatsmeister mit Eisbären Berlin, im Fußball Österreichischer Fußballmeister mit FAK Austria Wien, Fußball – Schweizer Fußballmeister mit dem Fußballklub Sankt Gallen, Mitropacupsieger mit Rapid Wien und im jungen Bereich U 12 Fußball Österreichischer Meister mit Fußballverein Union MK Innsbruck im Jahr 1982 in St. Louis in Amerika …., 5 malig stanley Cup winning with sharky Team Innsbruck, mit Black Wings Linz (satellite club of NHL Teams San Jose Sharks and Detroit Red wings) 10 mal Nationalligameister und 4 malig stanley Cup winner with blackyblue

Team Linz icehockey, Österreichischer Fußballmeister mit Rapid Wien, Italienischer Fußballmeister mit AS Roma im Jahr 1984, Eishockeyweltmeister und Fußballweltmeister mit Team Australia, Leichtathletik, Natursport, Floorball (bei IFK Göteborg – Schweden – als schwedischer Meister in Swedish hall Hölunda, bei Hot Shots Innsbruck / United Floorball Tirol – Österreichischer Staatsmeister im Jahr 2016 im Land ewigi sportshall, Europameister mit Team Großbritanien …. with ever being) und Olympiasieger im Floorball in Mexiko, Schi fahren, Tennis, Volleyball, Konditionsgymnastik mit Musik und Yoga ………. als Trainer schweizerische Fußballmeisterin mit Fussball Club Rapperswil – Jona RJ 1928 in der Schweiz, als Fußballspieler Österreichischer Fußballmeister und Pokalsieger mit dem ersten weltweiten Fußballverein FC Wacker Innsbruck Tirol (satellite Verein vom NHL club Buffalo Sabres) und gut gefeiert in Innsbruck, mit NHL Nashville Predators satellite Verein „FC Swarovski Tirol" im Fußball und weltweiten

fußballspielen und blumengeschmückten
Stadien mit Bezeichnungen wie Jodie
Stadium und Heather Stadium und Barbara
Stadium und Blumenfestivals und schönen
Feiern des einzigartigen Gewinns des
Fußball Champions League Pokals
„champi" und der NHL medali „Family
being" und pocali hearty in silver, und
Discodancing in Wien, Brasilia, Buenos
Aires und in Mexiko, wo ich im Fußball
mit Team Argentinien im Estadio Atzteka
in Mexiko City mit viel Herzlachen dann
Fußballweltmeister und Olympiasieger
wurde und NHL feiern in Melbourne,
Kapstadt, Mittelafrika, Nordpol Stadt, New
York, China und Zürich in der Schweiz ….
viel Spaß und Lachen beim Fußballspielen
beim Hamburger SV und in München, FC
Rapperswil und beim Fußballteam
Brasilien, und Eishockeyfreude beim HC
Tiroler Wasserkraft Innsbruck „Die Haie"
in New York und San Jose und San
Francisco und alp City Innsbruck mit
Gewinnen des silver Gold NHL
Trophypocals ever und NHL unique haiyi
medali with naming Peter Oberfrank –
Hunziker 24 and also artname Gösser und

schönes reisen zum EC Sao Paolo in
Brasilien ....
Eiskunstlaufolympiasieger Peter und Isabel
in Montreal, XXXL Championsport in
Afrika mit Lindsey, Afrikasport Trophy
ewig im Herz .... auch Gewinner der
einzigen NBA Basketball Trophy „baski"
und der NBA Basketball Trophy
„basketballteam ewigi" und der einzigen
NFL American Football Trophy „flyi" und
der einzigen MBA Baseball Trophy
„yankeei" .... Gewinner der NHL Stanley
Cup Trophy winning und der NHL
Presidents Cup Trophy winning ever with
heart laughing .... with great NHL
celebrating ceremony in nature .... nhli
....

Gewinner des „NHL Enthering Stanley Cups for happy ever all done with detail thinking and doing and unique Codesprache done and all nature ever good" with naming „for technical worker Peter Oberfrank – Hunziker" am 1. 8. 2008 um 18 : 24 Uhr

Bei wunderschönen Sonnenschein und feiner Natur genieße ich einen schönen rauschenden Wasserfall und fröhliches gewinnen des „Oscars für Peter Oberfrank – Hunziker als Eigentümer von Geld und money als NHL medali" und von vielen NHL Münzen und Scheinen und der „grünen NHL Palme" und schönes feiern in der Natur ….

Historischer Gewinner der „Trophäe für auch weiter gute Naturarbeit und kulturelle Arbeit mit alter Sprache und uralter Sprache und ewigen weiteren normalen Leben als NHL Sportler und einziger Techniker und Technikpreisträger und mit datierten speziellen Arbeitszeitraum von 10. 12. 2018 und Uhrzeit 12:00 Uhr bis 25. 1. 2020 und Uhrzeit 18:00 Uhr für ewigen Naturarbeiter Peter Oberfrank – Hunziker" und stolzerweise habe ich mit meiner Unterschrift „Peter Oberfrank – Hunziker" im History book auch unterschrieben und das wichtige History book schließt am 25 . 1. 2020 um 20 : 28 Uhr mit happy being ever ….

Das Buch „NHL Trophies book" ist auch ein history book und ist auch ewig.

Am 26. 1. 2020 Gewinner der „NHL Stanley Cup Trophy for Peter Oberfrank – Hunziker with ever NHL doing and nature working and technical doing and happy celebrating ...." und ewig gut feiern mit Natur schauen, wandern, Sport machen, Modenschau, Blumenschau und tanzen und Musik hören und in Kirche sein und Urlaub machen ....

Am 27. 1. 2020 Gewinner der goldenen und großen NHL medali „NHL all Sports doing ever for Peter Oberfrank – Hunziker" mit Naturfeier.

Am 28. 1. 2020 Gewinner des „NHL Stanley Cups happyling .... and NHL trophies ever" with naming Peter Oberfrank – Hunziker und schönes Feiern in der Natur mit lachen und auf der grünen Wiese ....

Wieder ein wunderschöner Schitag in St.
Anton bei strahlenden Sonnenschein und
wandern auf Schneeweg bei „vonntschi
Schihang" mit viel Neuschnee und ca. 1
Meter Schneelage am 30. 1. 2020 um 15:40
Uhr und langes figl Schifahren auf
wunderbaren Schneehängen mit Lachen
und glücklich sein und viel schönen Sport
sehen mit schibobfahren, rutschen,
kurzschifahren, snowboarden und rodeln
und beim schönen Naturholzhaus sein und
Schneezauber genießen …. ein
Märchenwinterwunderland und auch den
schönen Sonnenuntergang anschauen und
abends dann winterlich kaltes Wetter …..
dann schönen „Goldglitzer" zum Feiern
ewig genießen ….. und wunderschöner
Sonnenschein in der Natur und natürlich
sein und sich freuen

Gewinner der NHL Stanley Cup Trophies
mit Bezeichnungen wie Grasland Ohio
club, Natur ist schön, nature is beautiful,
coronbuilin, Shell, Ariel, Persil, Billa,
Merkur, olympiaworld, marungo,
tscharungo, zoolungo, hofer, tyrolia,
wagnersche, museum, NHL Museum, USI,
Hot Shots Innsbruck, Universität
Innsbruck, Olundo land, Sportuniversität
Innsbruck, Ruhe, NHL being and
activating and Sporting …., wood working,
Loi, nature enjoying, weltweite
Universitäten, Floorball Hot Shots
Innsbruck, soft Tennis Hot Shots
Innsbruck, Leichtathletik Hot Shots
Innsbruck, Eishockey Hot Shots Innsbruck,
United Floorball Tirol, Floorball hamburgi,
Tennis Wimbledon, one and only Professor,
IVB, VVT, Wiener Linien, Codesprache,
all ever good, Gold star Trophy,
Tropfsteinhöhle, technic ever, beach Los
Angeles Kings, NHL Stone ewigi, NHL ice
ewigi, NHL Ewigkeit stones, nature
working goodi, NHL earth Trophy, NHL all
planets Trophy with moon and Saturn and
xerundolo and hapschi and Merkur and
venus and merkanda and liptor and mars

and herzi and nhli ...., wedding heart
Trophy, nature green Trophy, heart ever
trophy, Basketball Trophy, volleyball
Trophy, green heart trophy, bowling trophy,
palm, gras, sand, NBA, MLB, NFL,
football, Tennis all, biking,
praterblütenlauf, los angeles kingi, ewigi,
natureboyi, garden, Flowers trophy,
Kleeblatt Trophy, Floorball Dallas stars,
Floorball New York Rangers, Floorball
Tampa bay, Floorball Chicago Blackhawks,
Floorball Detroit Red Wings, Vancouver
celebrating trophy, iceskating Dallas stars
Trophy and figure skating e, skiing, alp
City Innsbruck San Jose Sharks Trophy for
unique good being ...., NFL american
trophy for Peter Oberfrank – Hunziker,
ballett trophy, baseball trophy, natural
working, nashvilli, jupiyeahio, NHL all star
Trophy winning .... und der großen
rosafarbenen NHL Stanley Cup Trophy
„San Franciso 49ers" ever ....

Für mich ist auch die berufliche Arbeit (als Gründer von allen Baufirmen, Space, Ferrero, Swarovski, ÖBB und Airline …. NHL Eishockey spielen …. und happy all ever done mit Enthering Baufirmenarbeiten und laughing ever with nature doing and naturel enlining and beautiful enthering time with history and future nature and being) im technischen und planerischen und architektonischen Bereich sehr wichtig. Auch in der Natur zu sein sowie das Schreiben von Büchern sowie das Zeichnen und Malen ist für mich mit großer Freude und Nachdenken verbunden. Ich bin auch Naturarbeiter und auch stolzer alleiniger Oscar Preisträger und Nobelpreisträger mit meiner Familie. Die Technik ist ewig mein alleiniges Wissensgebiet und die Technik ist wunderschön und eine ewige Arbeit für mich.

Ich mag die Natur und es ist schön die Graswiesen zu beobachten, Wälder anzuschauen, Wasser zu bewundern, Grasblüte zu pflegen und zu bewundern, Bäume zu gießen, Wasser genau zu analysieren, schönes Eis zu machen, gute Lebensmittel und schönes Trinkwasser zu genießen, wunderbare Blumen im Garten anzuschauen, Wolken zu betrachten, Sonnenschein und Nebel und Regen und Regenbogen zu genießen, Hagel und Schnee und Wind als Wetterphänomene zu betrachten, auch ruhige Wetterphasen zu genießen, auf feinem grünen Moos zu gehen und zu ruhen ....

Als erster Indianer habe ich mit Lachen und Denken und ganz wichtig mit Isabel das Indianerbuch geschrieben ….. Indianer mit Liebe auf ewig.
Die von mir gezeichneten Bilder und Zeichnungen sind unter anderem bei der Galerie Saatchi Art und in einem Museum zu sehen. Wichtig ist mir ein Leben mit der schönen Natur und stolz bin ich auch auf mein Naturbuch und meine vielen geschriebenen Bücher und schönes ewiges Buch schreiben ….. und auch Buchfeste

Mit großer Freude habe ich eine nette Weihnachtsgeschichte mit dem Buchtitel „Es war einmal Weihnachten mit viel Kerzenlicht …" geschrieben, wobei dieses Buch als Märchen für alle Altersgruppen gedacht ist, vor allem ist dieses Buch auch speziell ein Kinder- und Jugendbuch. Meine Romanversion zu meiner geschriebenen Weihnachtsgeschichte lautet „Weihnachten mit viel Herz, Freude und auch Kunst".

Zum Buch „Es war einmal Weihnachten mit viel Kerzenlicht …" kurze Inhaltsangabe: In einer kleinen Stadt freuen sich die Leute schon auf das Weihnachtsfest, und plötzlich gibt es einen langen Stromausfall. In der Weihnachtsgeschichte wird erzählt, wie die Leute dann beim langen Stromausfall Weihnachten feiern. Zudem findet eine große Liebe zueinander … Anna und Patrick begegnen sich wieder zufällig in der kleinen Stadt und für beide ist dies der richtige Zeitpunkt, ihren Herzen zu folgen und beide finden herzlich und liebevoll zueinander.

Die Bücher „Es war einmal Weihnachten mit viel Kerzenlicht …" (als Märchen) und „Weihnachten mit viel Herz, Freude und auch Kunst" (als Romanversion) sind im internationalen Buchhandel (zum Beispiel bei Books on demand) und auch im Internet beim Online-Buchhandel (in Buchform und als E-Book) erhältlich.

Zudem habe ich gerne das Philosophie Buch mit dem Titel „Philosophie in einem natürlichen, positiven und guten Sinn … mit Geschichtsbezug" (als Langversion mit philosophischer Geschichte hierzu) und das Philosophie Buch „Philosophie in einem natürlichen, positiven und guten Sinn" (als Kurzversion) geschrieben. Diese Bücher sind auch im internationalen Buchhandel (zum Beispiel Books on demand) erhältlich.

Mit viel Spaß und schönen Erinnerungen habe ich das Buch „Fun and joy (in englischer Sprache) Freude und Spaß (in deutscher Sprache)" geschrieben. Dieses Buch ist auch allgemein mit viel Lachen. Dieses Buch ist im internationalen Buchhandel erhältlich.

Mit Nachdenken und Lachen habe ich das Buch „Es war einmal mein Kinderwunsch …. ein Buch mit geschriebenen Worten und gezeichneten Bildern, wo ich dann selber schreiben und zeichnen kann" geschrieben und gezeichnet. Es ist ein kreatives Buch und auch ein eigenes Buch. Dieses Buch ist auch im internationalen Buchhandel erhältlich.

Herzlich gerne und mit ewiger Liebe und Lachen und schön schreiben und zeichnen und schauen …. habe ich das Buch „Liebe und träumen" geschrieben, und dieses Buch ist auch im internationalen Buchhandel erhältlich.

Mit viel Spaß und Lachen, Naturidenken und Herzensliebe habe ich das Buch „Ein Zirkuszelt in der Natur zum Träumen und Lachen" geschrieben. Dieses Buch ist auch im internationalen Buchhandel erhältlich.

Mit großer Herzensliebe habe ich das Buch „Farbenbuchi“ geschrieben und am 8. 9. 2019 veröffentlicht. Dieses Buch ist auch im internationalen Buchhandel erhältlich. Am 13. September 2019 und ewig feiern tut die Natur und alle gerne den „Farbenbuchitagi Auroralile“ mit lachen und chisi ….

Mit Lachen habe ich „Ein Buch über Sport für Kinder zum Träumen …. zum Lachen kann man auch Sporti sagen“ geschrieben und dieses Buch ist auch im internationalen Buchhandel erhältlich.

Mit schönem Denken und auch Lachen habe ich am 8. Oktober 2019 mein „Herzbuch“ geschrieben und dieses Buch ist auch im internationalen Buchhandel erhältlich.

Mit Spaß habe ich das Buch „Natur und
Sport   wunderschön, und denken, lachen
und ewig feiern" geschrieben und dieses
Buch ist auch im internationalen
Buchhandel erhältlich.

Mit herzlichen Erinnerungen und schönen
Erinnerungen an NHL Weihnachtsglitzer
im Central Park in New York und meinem
Sieg als New York Rangers Kapitän mit
der Rückennummer 24 und meinem
Namen auf der Jersey Rückseite „Peter
Oberfrank – Hunziker" am 17. Jänner 1973
gegen die Montreal Canadiens in Höhe von
100 : 0 für das Team New York Rangers
und anschließendem Winterwonderland
Festival …. habe ich das Buch „NHL
Weihnachtsbuch   very fine good daying
ewigi" geschrieben und dieses Buch ist im
internationalen Buchhandel erhältlich ….
ja ja NHL Eishockey und nature doing
macht ewig Spaß und auch NBA
Basketball und NFL American Football
und Fußballsport und Schifahren und
Tennis und Boccia …. sind schöne
Sportarten. Meine Heimat sind Schweiz,
Australien, Amerika, Asien und Afrika.

Happy time ever celebrating with joying. Ganz mit Herzensfreude schreibe ich das ewige Buch „nhling" all NHL doing ever ….. und dies ist schon bei books on demand und bookmundo veröffentlicht und im internationalen Buchhandel erhältlich. Mit happy sein bin ich auch Gewinner des „NHL stanley cup trophyle nhling for Peter Oberfrank – Hunziker and New York Rangers Team and all NHL clubs ever …." und schönes herzliches Feiern am Zürichsee und in Paris und Rio de Janeiro ….

Das Buch „nature dreaming and being ....
nhling forever" habe ich mit herzlichen
Erinnerungen und planen und schönen sein
geschrieben und dies ist ein reales und
wunderschönes Naturbuch und Sportbuch.
Die NHL (National Hockey League) ist
schöner Sport in der größten Sportliga der
Welt mit Eishockey und NBA
Basketballsport und NFL american
Football und MBA Baseball Sport und
Fußball und Handball und Tennis und
wandern und laufen und Boccia spielen
und ganz vielen Sportarten ..... einfach in
der Natur sein und auch die wunderschöne
Technik genießen und die NHL trophies
feiern und NHL Festivals ewig schön
genießen ....

Mit viel denken und sich erinnern und auch
gutes gestalten habe ich das Buch „Happy
nhling ever ....." geschrieben und dieses
Buch ist ein Sportbuch, Naturbuch und
Märchenbuch ....

Gewinner der „NHL red big heart trophy" und wunderschönes Feiern in der rosa Kirche und der „NHL green big heart trophy" und musikalisches Feiern in der grünen Kirche ….

In Nashville in Amerika schönes gewinnen der „NHL statue Peter and Diego trophies" in small, medium and large for 12 times winning the Stanley Cup Trophy with Nashville Predators Team and ever being …..

Bei der Naturarbeit und sporteln in Washington erhielt ich eine schöne Auszeichnung der NHL mit einer silberfarben und goldglänzenden Trophäe mit Titulierung „NHL ever good with all teams for Peter Oberfrank – Hunziker and wonderful nature …." und schönes feiern beim Eishockeyspielen und ruhiges Feiern in der Natur und glamouröses Feiern in der NHL Sporthalle und im NHL Museum und beim Basketball spielen ….

Beim Wandern und Laufen in Winnipeg wieder eine schöne NHL Idee und dann weitergewandert nach Miami zum „NHL all stars remembering and celebrating game" and winning with happy playing a „NHL mascot stanley Cup Trophy" and „NHL happy ever gaming mascoti Stanley Cup Trophy" and „NHL medali mascoti" and a wonderful flower ceremony in nature at Mammout mountain in Miami and celebrating in Miami Sports Stadium and holding in hand a „NHL pin FIFA for Sports and nature doing …." and a „NHL Trophy 4 Kleeblatt in silver for NHL playing and again a NHL full season and NHL sports easy gameling and NHL Sporting …." …. easy icehockey and natureing

Beim Natur wandern in der Alp City
Innsbruck und wieder einen schönen
Vulkanausbruch betrachten und in sicherer
Naturumgebung sein und dann auch
sporteln erhielt ich einen schönen „NHL
Stanley Cup for ever good nature working
and good NHL Sport for Peter Oberfrank –
Hunziker" und einen „goldenen NHL
Puck" ….. beim schönen Feiern und tanzen
beim „Blumiball Innsbruck" im
woodimarmorhaus alp city Innsbruck und
eishockeyspielen in Olympiaworldi
Innsbruck und NHL Sport doing und
wieder elegant schön feiern auf der
holzenen Tanzfläche erhielten wir als
Familie den „NHL Hunzi Cup" und „NHL
Stanley Cup Blumiball Innsbruck"…. und
für schönes tanzen den „NHL Potti für
Peter Oberfrank – Hunziker, Michelle,
Elke, Isabel, Lindsey, Aurora, Michaela,
Anna, Leila, Miri, Tiri, Liri, Amelie, Linea,
Elisabeth, Isabelo, Elisabetha, Alice und
Blumensein und ET und friends Diego und
Zico und Dino und Cu uma …." and
winning ….. „NHL Super bowl Miami
Trophy for family" and „NHL ballett
Trophy for Alice" and „NHL Bowling

Trophy for Elke" and „NHL and NFL and
MBA and NBA stanley Cup Trophy
flowering" ….

Die NHL trophies in easy gameling starting
ever sind wundervoller glitter with Special
light PMILE on real good NHL Jerseys and
celebrating Museums and remembering
with minding …. starting with today on 20
December 2019 12:24 o'clock …. great
ever unique

Gewinner von NHL schifigling trophies in
Toronto und Rapperswil und Zürich und
Lake Louise und Louisiana und Mexiko
und Rio de Janeiero und St. Anton und
Kapstadt und Australien und Afrika und
Afrikanis und Asien und alp City
Innsbruck und Garmisch und New York für
Peter und Michelle und Elke und Isabel
und Lindsey und Kristiane und
Blumenprinzessinnen ….. stolzer
Gewinner von „NHL american Indian
stanley Cup Trophy for Peter Oberfrank –
Hunziker and all NHL ….." und von „NHL
Indianer Pokal mit 4 kreisrunden Ringen
und 1 Schale für Peter Oberfrank und

schönes Naturarbeiten ewig und NHL sporteln und technisches weiterarbeiten und schön gestalten ….." und „NHL Natur trophy" (1 silbergold Schale mit Zeichen für Gras und Bäume und Löwen und Steine und Wasser und Sonne und Wolken ….). NHL icehockey and Sport is great and wonderful …. in der Natur glücklich sein und lachen …. all ever happy ….. aeh ….. great nature

Wunderschöne Natur genießen und auch die vielen bunten Farben in der Natur …. mit gutem Eishockeyspielen in der Olympiaworld Innsbruck und schönes feiern und Gewinner der „NHL Stanley Cup Trophy Olympiaworld Innsbruck for Peter Oberfrank – Hunziker and family being ….." und auch ruhiges feiern mit schöner oranger Kerze.

Am 2. 2. 2020 mit NHL Erinnerungen und freudigen Sein und eishockeyspielen und Gewinner des NHL Kristalls skyblue …. für Peter Oberfrank – Hunziker …. im Herzen sein und glücklich sein ist wunderschön und ewig und einzigartig. Mit tiefsinnigen Nachdenken und schönen Sein habe ich das Buch „NHL story and being" geschrieben und dieses Buch ist auch im internationalen Buchhandel erhältlich.

Glanzvolles gewinnen der NHL Stanley
Cup Trophy und schönes Feiern ….
Ein schöner Naturtag und gedankliche
Erinnerungen an schön herzliche Besuche
im NHL Museum und NHL Shield
Museum und beautiful trophy Museum und
wieder besuchen ….. fröhlicher Sport mit
laufen und hunzolov schwimmen und
tüchti gymnastic und spacydancing und
freudiges Gewinnen der H stanley Cup
trophy and wandering and holidayi and
floweri …..

Good celebrating mit NHL medali und
nature presents und schöner Modenschau
und Musikparty und Nature Festivals und
Zirkusfest mit Pferde im Wald besuchen
und Eichhörnchen in den Bäumen und
fliegende Schmetterlinge in den Wiesen
und Igel in den Höhlen und Fische im
Wasser und Papageien und Drachen und
Bären und Schildkröten und Adler und
Löwen und viele Blumen ..... „NHL
Stanley Cup Trophy for Peter Oberfrank –
Hunziker in ewigi" und „NHL Stanley Cup
Trophy for good NHL Sport ever to Peter
Oberfrank – Hunziker in Los Angeles" und
NHL shop Museum und „NHL Daddy
Festivals" und Theaterfestival und
Kinofestival und Philosophiefestival und
Kunstfestival und Sportfestival und
Geschichtefestival und Zukunftfestival und
Zeitfestival und „Ringele spielen" und
Kirchefestival und Buchfestival und NHL
being Festival und fröhliches Grasfest und
Coca Cola Fest und Burger Party Fest und
Fernsehfest und Radiofest und Ausflugfest
und journeying ..... glücklich und herzlich
feiern und weihnachtlich und Ostern lustig
feiern und wunderschöne spacy Festivals

….. Living happy with heart being …..

Peter Oberfrank – Hunziker

….**….

☺ ….**…. ☺

NHLi